어메이징
필로소피

THE CARTOON INTRODUCTION TO PHILOSOPHY
by Michael F. Patton and Kevin Cannon

Text Copyright ⓒ 2015 by Michael F. Patton and Kevin Cannon,
Artwork Copyright ⓒ 2015 by Kevin Cannon
All rights reserved.

This Korean edition was published by Kungree Press in 2016 by arrangement with
Hill and Wang, a division of Farrar, Straus and Giroux, LLC, New York through
KCC(Korea Copyright Center Inc.), Seoul.

이 책의 한국어판 저작권은 (주)한국저작권센터(KCC)를 통한
저작권자와의 독점 계약으로 궁리출판에 있습니다.
저작권법에 의해 한국 내에서 보호를 받는 저작물이므로
무단 전재와 복제를 금합니다.

어메이징
필로소피

탈레스부터 앨런 튜링까지, 만화로 배우는 서양 철학

마이클 패튼 · 케빈 캐넌 지음 | 장석봉 옮김

궁리
KungRee

이 책에 쏟아진 찬사들

"서양 철학사의 다채로운 면모를 재미있고 명쾌하게 소개해주는 입문서!" – 《커커스리뷰》

"마이클 패튼과 케빈 캐넌이 엄청난 일을 해냈다! 만화책이라는 형식 안에 엄밀함을 잃지 않으면서도 위트 있는 철학의 세계를 오롯이 담아내는 데 성공한 것이다. 교육에 대한 이념적, 경제적, 정치적 공세가 난무하는 이 시대에 배움과 탐구에 대한 사랑을 촉발시키는 일은 남녀노소 모두에게 중요한 일이다. 패튼과 캐넌은 재치 있는 유머, 적절한 진행 속도, 뛰어난 그림을 동원해 철학 그리고 관련된 분야 역사에 등장하는 거장들의 기본 이론까지 쉽고도 정확하게 설명해줌으로써 독자들을 서양의 지적 전통이 낳은 위대한 대화 속으로 데려다준다." – 마크 랜스, 조지타운 대학교 철학과 교수

"플라톤식의 '이데아'에 부합하는 만화가 있다면, 그것은 분명 마이클 패튼과 케빈 캐넌의 『어메이징 필로소피』일 것이다. 이 책에 나오는 철학자들을 보노라면 여러분도 내게 동의할 수밖에 없을 것이다!" – 짐 오타비아니, 그래픽노블 『파인만』, 『유인원을 사랑한 세 여자』의 저자

"재기 넘치고 재미있게 철학 분야 최신의 성과까지 담고 있는 책이다. 패튼과 캐넌은 지나친 단순화라는 우를 범하지 않으면서도 다채로운 철학의 세계를 우리의 삶과 연결시켜준다. 철학의 즐거움을 아직 느껴보지 못한 독자라면 이 책이 아주 좋은 출발점이 될 것이다." – 토드 메이, 클렘슨 대학교 철학과 교수

"『어메이징 필로소피』는 만화책으로서만이 아니라 철학책으로도 훌륭하다. 이 책은 대립되는 주장들을 조정할 때 합리적인 논증을 주고받는 식의 토론이 얼마나 중요한지, 철학사에 등장하는 고전적인 논쟁들의 핵심이 무엇인지를 잘 보여주고 있기에, 무엇보다 철학에 입문하려는 초심자들에게 좋은 입문서가 되어줄 것이다. 나아가 이 책은 만화책이 이야기를 전달하고 우리의 생각을 표현하고, 생각의 폭을 넓히는 데 얼마나 큰 힘을 가지고 있는지도 다시금 돌아보게 해준다.
– 그레고리 L. 리스, 《팝매터스》

"패튼과 캐넌은 만화책이 교과서만큼이나 혹은 그 이상으로 우리의 배움에 도움이 된다는 것을 보여주는 데 성공했다."
– 린지 호진스, 앨라배마 작가 포럼

"만화가가 아닌 작가들이 쓴 많은 논픽션 만화들처럼, 이 책 역시 철학 교수인 마이클 패튼의 문자 텍스트가 내러티브를 주도해나간다. 하지만 케빈 캐넌의 그림은 중요한 사상가들의 이론을 교과서처럼 명쾌히 설명해주는 동시에, 마치 바로 눈앞에 그들이 존재하는 것처럼 생생하고 재미있게 그려내며 시각적 즐거움을 주는 데도 성공함으로써 공동작업에서 그림이 글 못지않게 중요하다는 사실을 다시금 증명해보이고 있다. 다양한 시대에 걸친 철학적 사유들을 핵심 개념에 바탕을 둔 이야기 구조로 제대로 직조해낸 이 책은 철학을 잘 모르는 보통의 독자들도 큰 어려움 없이 읽어나갈 수 있을 것이다." –《퍼블리셔스위클리》

"마이클 패튼과 케빈 캐넌의 『어메이징 필로소피』는 사상사에 우뚝 솟은 거인들의 면모를 재미있고도 창의적으로 설명해주는 강력한 입문서이다." – 댄 코이스, 《슬레이트》

한국어판 서문

어린 시절 철학에 대한 허기가 컸지만, 너무도 많은 철학자와 그들의 생각을 구분하는 일은 제게 쉬운 일이 아니었습니다. 학교를 졸업한 후 무언가를 배울 때 저는 문자보다는 그림에 익숙한 저 같은 학생들에게 철학은 무척이나 힘든 도전 과제였다는 것을 알게 되었습니다.

그래서 이 책의 글작가인 마이클 패튼과 함께 철학이라는 주제를 만화로 풀어낼 수 있는 작업을 하게 되었을 때 매우 기뻤습니다. 대학에서 오랫동안 학생들을 가르쳐온 마이클은 시각적 은유와 소소한 에피소드들이 철학을 배우는 데 얼마나 도움이 되는지를 잘 알고 있었기에 이 책의 내용은 물론이고 그림들을 효과적으로 배치하는 방식에 많은 아이디어를 내어주었습니다. 동시에 만화가인 저는 그를 바탕으로 각각의 철학자들에게 고유한 특성을 부여하는 일에 집중하며 즐겁게 그림을 그리고 글작업에도 동참할 수 있었습니다. 이러한 즐거운 협업을 통해 이 책이 학생 시절 제가 원했던 바로 그런 철학책이 될 수 있었다고 자부합니다.

『어메이징 필로소피』는 서양 철학에서 마주치게 되는 위대한 철학자와 사상들을 유머러스한 글과 그림으로 쉽고 재미있게 배워갈 수 있는 책입니다. 앞으로 흥미진진하게 펼쳐질 '철학의 강' 여행에 함께해주셔서 감사합니다. 이번 여행을 통해 저와 마이클이 이 책을 만들 때 느꼈던 즐거움을 여러분도 똑같이 만끽할 수 있기를 기대합니다.

2016년 10월

케빈 캐넌

"같은 강에 발을 담근 사람들에게
다른 강물이, 그리고 또 다른 강물이
계속해서 흘러간다."
—헤라클레이토스

차례

이 책에 쏟아진 찬사들 4
한국어판 서문 5

들어가는 장 9

1장. 논리 25

2장. 지각 41

3장. 마음 67

4장. 자유의지 97

5장. 신 119

6장. 윤리학 141

용어설명 173
감사의 글 176
참고문헌 177

들어가는 장

철학 하면 어쩌면 여기 **프리드리히 니체** 같은 사람이 생각날지도 모르겠군요. 추상적인 아니 비밀스럽기까지 한 개념들에 집착했던 그 19세기의 음울한 지식인.

흠... 내게는 전혀 비밀스러운 게 아니오.

그치만 서양 철학자들은 아주 **다양한** 문제에 관심을 가졌습니다. 물론 **공통** 관심사도 있었고요...

윤리에서 자아까지... 거기다 자연 그 자체의 본성까지... **모든 것에!**

우리가 우리...가 **감각**을 시...신뢰해도 되는지도....

탈레스
625-547 B.C.E.

헤라클레이토스
540-480 B.C.E.

데모크리토스
460-370 B.C.E.

토머스 홉스
1588-1679

르네 데카르트
1596-1650

존 로크
1632-1704

고대
700 B.C.E.–500 C.E.

중세
500–1599

소크라테스
469-399 B.C.E.

플라톤
428-347 B.C.E.

아리스토텔레스
384-322 B.C.E.

토마스 아퀴나스
1225-1274

고트프리트 빌헬름 라이프니츠
1632-1677

바뤼흐 스피노자
1646-1716

근대 초기 1600-1800 | **19세기** | **20세기**

헤라클레이토스

기원전 540년 출생
기원전 480년 사망

"태양은 날마다 새롭다."

- 아리스토텔레스 『형이상학』(기원전 350년) 등에 인용됨

헤라클레이토스는 소크라테스 이전 철학자 중 한 명이다. 그는 세계는 안정되어 있지 않고 오히려 변화하는 것이지 영원한 것이 아니라고 강조했다.

대표작 :
후대 작가들의 저술을 통해서만 알려져 있다. 그의 저작은 단편으로만 전해진다.

FUN FACT 철학을 전개하는 특유의 방식 때문에 그는 '어두운 자'라는 별명을 얻었다.

이번 여행은 철학 입문 격이니, 이 네 영역을 모두 깊이 있게 알아보는 건 불가능할 겁니다.

우리가 이번 여행에서 볼 수 있는 건 전통적인 철학 문제들 중에 한 줌에 불과할 겁니다. 우린 오랜 세월에 걸쳐 많은 철학자들이 그 문제들을 어떻게 씨름해 왔는지를 볼 겁니다.

논리는 무언가를 주장할 때 갖추어야 할 가장 기본적인 겁니다. 그러니 **좋은 논증**은 철학에서는 아주 중요합니다. 우리는 거기서부터 출발해야 합니다.

현재 위치

그런 다음에는 인식론의 강으로 갈 겁니다. 거기서는 **지각**을 살펴볼 거고, 그다음에는 정신에 관한 '**생각**'을 볼 겁니다.

그다음은 물살이 아주 심한 곳입니다. 그래도 재미는 있을 거예요. 형이상학. 그래 이곳에서는 **자유의지**와 신에 대해 알아볼 겁니다.

마지막은 여행지는 **윤리학**입니다. 윤리학은 철학 중에서도 우리 삶하고 가장 관련이 많습니다. 우리가 매일매일 어떻게 살아야 하는지를 다루는 분야거든요.

논리학
① 논리
② 지각
③ 마음
④ 자유의지
⑤ 신
⑥ 윤리학

형이상학
인식론
가치론

1장
논리

아리스토텔레스

기원전 384년 출생
기원전 322년 사망

"모든 인간은 본성상 앎을 원한다."

- 『형이상학』 (기원전 350년)

아리스토텔레스는 물리학, 형이상학, 논리학, 윤리학, 미학, 수사학 등 다양한 분야에 걸쳐 글을 쓴 그리스 철학자이다.

대표작 :
니코마코스 윤리학
기원전 350년

고대 그리스
아테네

FUN FACT 아리스토텔레스는 소크라테스가 사형당한 후, 아테네인들이 철학자들에게 더 이상 죄를 짓지 않도록 하겠다는 말을 남기고 마케도니아로 떠났다. 그곳에서 그는 훗날 대왕이 되는 알렉산드로스의 개인교사가 되었다.

범주 S에 속하는 것과 P에 속하는 것이 있을 때, 그 둘 사이의 관계를 표현하는 다음 네 문장 중 적어도 하나는 반드시 참이다.

모든 S는 P이다.

어떤 S는 P이다.

모든 S는 P가 아니다.

어떤 S는 P가 아니다.

"한 단계에서 다음 단계로

수학에서 뭔가를 증명하는 방법과 같아요. 아무리 계산이 복잡한 문제도 똑같아요.

수학에서 논리를 사용할 때, 공리를 받아들이면 멋진 것들을 아주 많이 증명해낼 수 있어요. 바른 토대들 위에 세워졌다면 반드시 참일 수밖에 없지요.

수학이 발전한 것은 바로 이 연역이라는 방법을 썼기 때문이에요. 수학은 점점 더 많은 것을 알아가고 있지만, 제 논리는 여전히 단 하나뿐이에요."

영차 영차

"하지만 명심하세요. 등반이 성공하려면 **전제들이** 반드시 참이어야 한다는걸요.

거짓 명제에 발을 디뎠다가는… 음….

굴러 떨어질 각오를 하셔야 할걸요.

으…으…으…"

응차

결론이 참인 **논증**을 하려면 전제들이 반드시 참이어야 한다는 것 이제 아시겠죠?

물론이야. 우리가 이 산을 오르는 것도 죄다 그것 때문 아닌가?

모든 카누는 전자레인지이다. — 거짓

모든 전자레인지는 배이다. — 거짓

따라서 모든 카누는 배이다. — 참

보세요. **연역**에서는 전제들 중에 **거짓**이 섞여 있어도 결론은 참일 수가 있어요.

하지만 첫 두 줄이 참이라고 가정을 하면 마지막 줄은 반드시 참이어야 해요.

정말 흥미롭죠!

그런데 전자레인지가 뭔지는 어떻게 아나?

존 스튜어트 밀

1806년 출생
1873년 사망

> "만족하는 돼지보다 불만족스러워하는 인간이 되는 것이 더 낫다. 만족해하는 바보보다는 불만을 느끼는 소크라테스가 더 나은 것이다."
> — 『공리주의』

밀은 벤담의 공리주의 윤리를 더 깊이 밀고나간 영국의 경험주의자이다.
그는 연역 논리와 귀납 논리, 그리고 정치 철학에 대한 중요한 저술들을 남겼다.
그는 역사상 IQ가 가장 높은 사람들 중 한 명이었다.
물론 IQ 검사를 받아본 적은 없겠지만….

대표작 :

공리주의
1863년

영국

FUN FACT
밀은 아버지로부터 엄격한 교육을 받았다. 세 살 때부터 그리스어를 배웠고, 라틴어는 여덟 살 때 시작했다.
스무 살 때 신경 쇠약에 걸리기도 했다. 교육을 너무 혹독하게 받았기 때문이다.
하지만 건강을 회복한 후 저술에 몰두하여 당대 최고의 책들을 남겼다.

2장
지각

르네 데카르트

1596년 출생
1650년 사망

"나는 생각한다 고로 존재한다."
(*Cogito, ergo sum.*)

- 『제1철학에 관한 성찰』

르네 데카르트는 프랑스의 철학자이자 수학자이다.

대표작:

제1철학에 관한 성찰
1641년

프랑스

FUN FACT: 전해져오는 말에 따르면 데카르트는 오전 11시 전에는 침대에서 일어나지 않았다고 한다. 하지만 해석기하학과 직교 좌표계를 고안했고, 거기다 광학과 관련된 기본 법칙들까지 알아냈다. 그는 크리스티나 스웨덴 여왕의 개인교사이기도 했다.

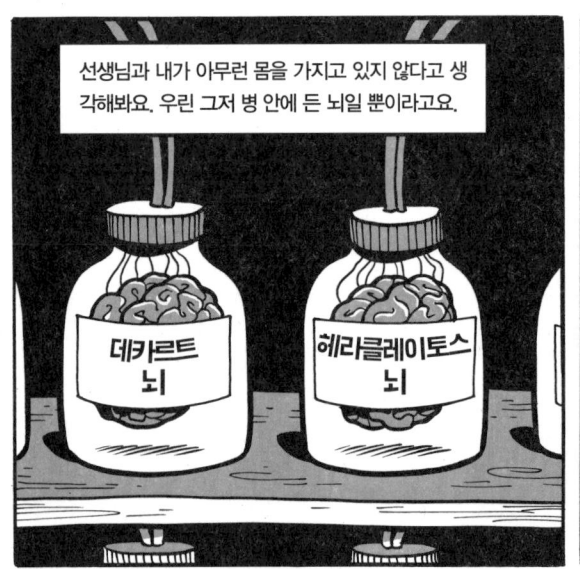

존 로크

1632년 출생
1704년 사망

> "어느 누구의 지식도 자신의 경험을 넘어설 수는 없다."
> - 『인간 오성론』

존 로크는 영국의 철학자이다. 그의 철학과 정치학은 오늘날에도 여전히 많은 영향력을 가지고 있다.

대표작:

FUN FACT 그는 교회와 국가의 분리, 그리고 사유재산론을 옹호했다. 그의 정치론은 미국 건국자들에게 큰 영향을 주었고, 그가 쓴 문구들은 미국 초창기의 주요 정부 문서들에도 자주 등장한다.

1열에 있는 감각관념들은 다 다르게 경험될 수 있습니다. 사람마다도 다르고, 종마다도 다르고…

하지만 2열에 있는 물리적 실재들은 똑같습니다.

1열	2열
색	빛의 파장
소리	공기압의 진폭 변화
맛	미뢰에 닿는 분자들의 형태
냄새	후각신경에 닿는 분자들의 형태
감촉	물체의 표면을 이루는 분자들의 배열: 원자들의 운동 에너지(온도)

예를 들면, 이 꽃은 파장이 475나노미터인 가시광선을 반사시키는 원자 구조를 가지고 있습니다.

우리는 이걸 꽃의 **제1 성질** 중 하나라고 합니다.

흠…

내 눈에는 죄다 파랗게 보이는걸!

조지 버클리

1685년 출생
1753년 사망

"존재한다는 것은 지각된다는 것이다."
(Esse est percipi.)

- 『인간 지식의 원리에 관한 연구』

조지 버클리는 관념론으로 유명한 아일랜드의 철학자이다.
그는 정신과 관념만이 존재한다는 관념론의 대표자였다.
이는 경험론의 기본 가정에 반하는 것이다.

대표작:

인간 지식의 원리에 관한 연구 1710년

아일랜드

FUN FACT 버뮤다에 대학을 세우는 일에 매진했다. 심지어 당시 영국의 식민지였던 로드아일랜드까지 가서 설립 자금을 모으기도 했지만 결실을 얻지는 못했다.

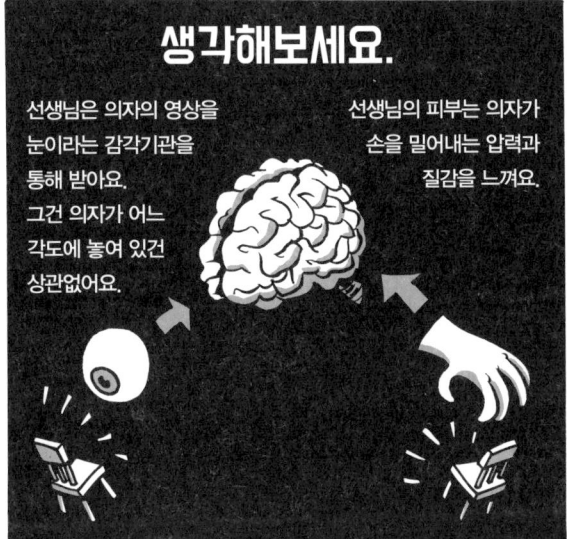

3장

마음

플라톤

기원전 428년 출생
기원전 347년 사망

"만약 철학자가 왕이 되지 않는다면…
우리 도시에서 발생하는 문제들은
끊이지 않을 것이다."

- 『국가』

철학자이자 수학자인 플라톤은 소크라테스의 제자였다.
서양 역사상 최초의 고등 교육 기관인 아카데미아를 아테네에 세웠다.

대표작:

국가
기원전 360년

FUN FACT '플라톤'은 '넓다'라는 뜻이다. 플라톤이라는 이름은 아마도 그의 어깨가 넓어서 붙여진 별명일 것이다. 원래 이름은 아리스토클레스였다고 한다. 그가 기원전 386년에 세운 아카데미아는 유럽 최초의 대학으로 여겨지고 있다.

고트프리트 라이프니츠

1646년 출생
1716년 사망

> "우리의 마음속에 이미 가지고 있지 않은 것에 대해서는 배울 수 없다."
> ― 『형이상학 서설』

라이프니츠는 스피노자, 데카르트와 함께 합리주의의 '세 거인' 중 한 명이다. 당시의 많은 동료 학자들처럼 그 역시 여러 분야에서 많은 업적을 남겼다. 그는 철학뿐만 아니라, 수학, 논리학, 기계 계산에도 뛰어난 업적을 남겼다.

대표작: 형이상학 서설 1686년

FUN FACT 형이상학과 논리학 분야 말고도 라이프니츠는 미적분에도 뛰어난 업적을 남겼다. 그는 뉴턴보다 먼저 미적분에 관해 발표했지만, 미적분을 과연 누가 먼저 발견했느냐를 두고 오랫동안 뉴턴과 치열한 논쟁을 벌여 유럽을 시끌벅적하게 만들었다. 하지만 오늘날에는 두 사람이 각각 독립적으로 발견했다고 여겨진다.

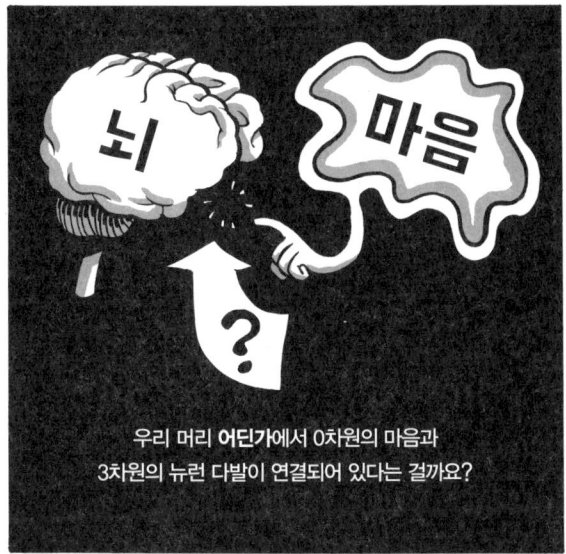

바뤼흐 스피노자
1632년 출생
1677년 사망

"우리는 우리 자신이 영원하다는 것을 느끼고 경험한다."
— 『에티카』

스피노자는 라이프니츠, 데카르트와 함께 합리주의의 '세 거인' 중 한 명이었다. 범신론(신이 우주와 동일하다)이 맞다고 주장한 그의 철학적 글들은 종교 당국의 분노를 샀다.

대표작:

FUN FACT: 스피노자는 범신론적 철학을 주장해 유대인 공동체로부터 추방당했고, 그의 글들은 교회의 금서 목록에 올랐다. 철학자로서 성공할 길을 찾지 못하게 된 그는 렌즈 가는 일로 생계를 유지했다. 유리 먼지에 너무 오랫동안 노출되어 폐 손상을 입은 것도 그의 죽음의 한 원인이 되었다.

앨런 튜링

1912년 출생
1954년 사망

"종이, 연필, 지우개가 있고 엄격한 훈련을 받은 사람은 사실상 만능 기계이다."

- 『지능 기계』

앨런 튜링은 영국의 수학자이자 논리학자이자 암호 해독가이다. 그의 연구는 컴퓨터과학과 인공지능 분야의 토대가 되었다.

대표작:

지능 기계
1969년
(1948년에 처음 발표)

영국

NOT SO FUN FACT: 제2차 세계대전이 끝난 후 그는 동성애 혐의로 감옥에 가는 대신 화학적 거세를 받아들였다. 우울증을 앓은 그는 청산가리를 주사한 사과를 베어 먹고 자살했다.

데이비드 차머스
1966년 출생

"저는 신경과학만으로 의식을 설명할 수 있다고 주장하지 않습니다. 하지만 저는 신경과학이 결정적인 이론의 중요한 부분이 될 거라고 생각합니다."

- 앤드루 처커리와의 인터뷰, 『오늘날의 철학』 1998년

데이비드 차머스는 오스트레일리아의 철학자이자 인지과학자이다. 그는 심리철학과 언어철학을 전공했다.

대표작:

의식의 마음 1996년

오스트레일리아

FUN FACT: 최근에 행한 'TED 강연'에서 데이비드 차머스는 의식을 설명하기 위해 범신론을 심각하게 고려해볼 필요가 있다고 주장했다. 그는 모든 것에 일정 수준의 의식이 있을 수 있다고 생각한다. "광자들은 미약하나마 주관적인 느낌의 요소, 즉 의식의 단초를 가지고 있다(믿을 근거가 있다)고 주장한다. 우리에게는 미친 소리처럼 들릴 수도 있지만 다른 성단에서 온 사람들에게는 그렇지 않다."

4장
자유의지

데모크리토스

기원전 460년 출생
기원전 370년 사망

> "관습상 색깔, 관습상 단 것,
> 관습상 쓴 것이 있지만,
> 실제로는 원자와 허공만 있다."
>
> – 아리스토텔레스의 『형이상학』(기원전 350년)에서 인용

데모크리토스는 우주가 원자로 되어 있다는 학설로 유명한 그리스의 철학자이다. 그의 생각은 다른 사람들의 글 속에 단편으로만 전해진다.

대표작:

✗ 현재까지 남아 있는 것 없음

FUN FACT 데모크리토스는 '웃는 철학자'라고도 알려져 있다. 동료 시민들의 단점을 거침 없이 조롱했다는 이유로 붙은 별명이다.

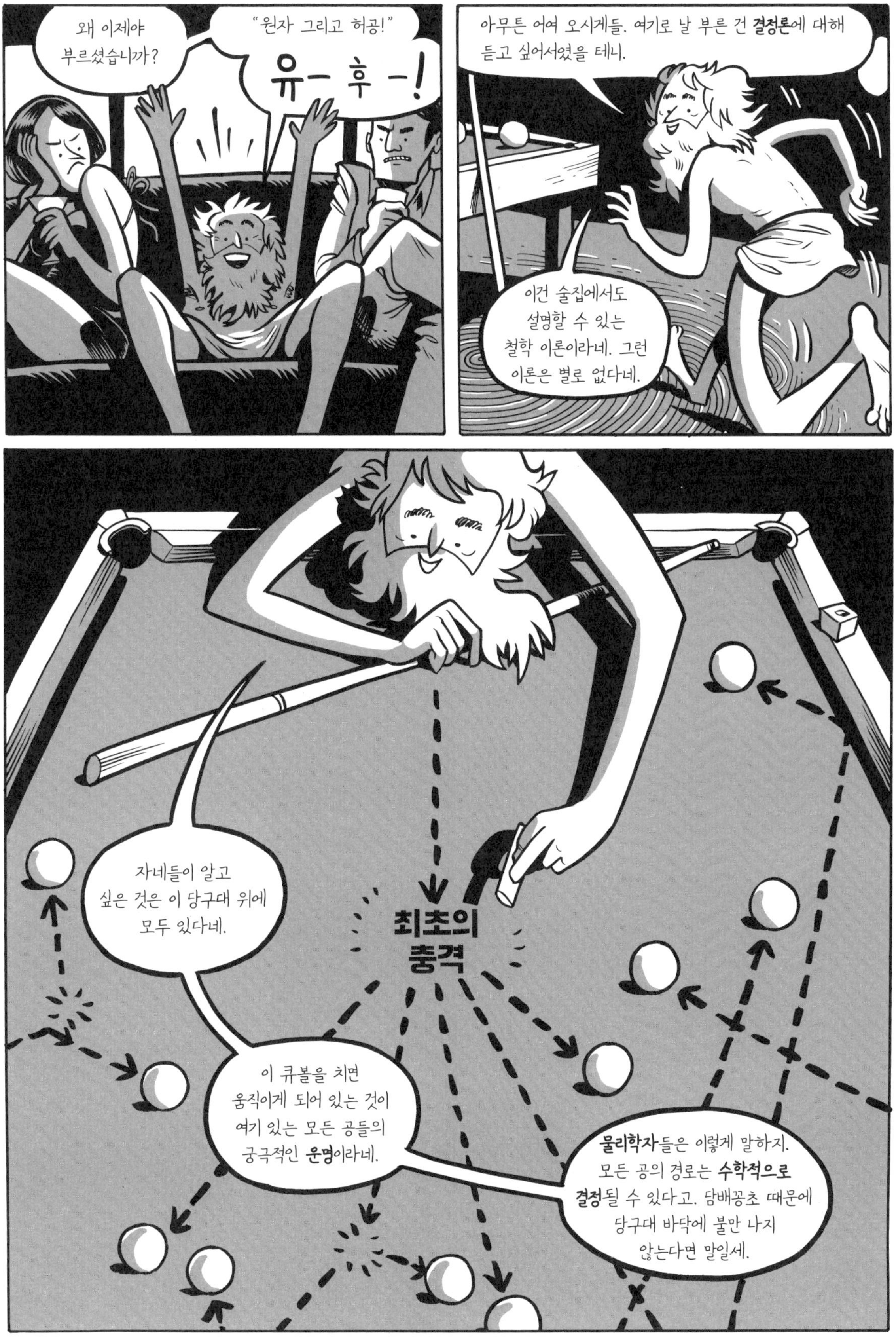

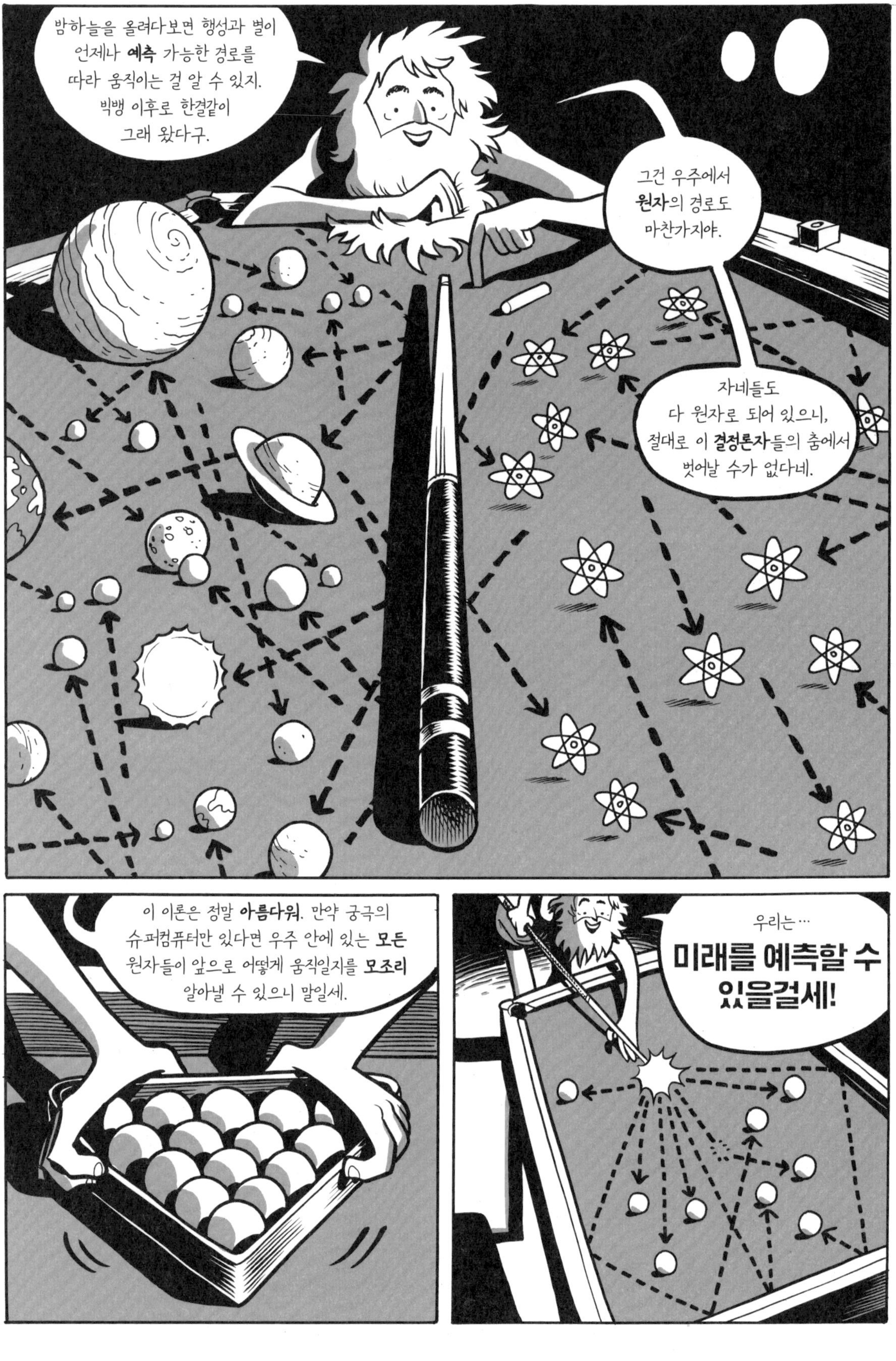

전제

1) 결정론이 참이라면, 모든 사건은 과거에 일어난 일들과 자연법칙들을 원인으로 해서 발생한다.

2) 모든 사건이 과거의 일들과 자연법칙들을 원인으로 해 일어난다면, 내가 하고 있는 행동 A도 모두 과거에 일어난 일들과 자연법칙들의 원인이 되어 생겨난 것이다.

3) 내가 하는 행동 A의 원인이 과거에 일어난 일들과 자연법칙들이라면, 과거에 일어난 일들이나 자연법칙들을 내가 통제할 수 없다면, 나는 지금 하는 행동 A 말고는 다른 것을 할 수가 없다.

4) 나는 과거를 통제할 수 없다.

5) 나는 자연법칙을 통제할 수 없다.

6) 결정론이 참이라면, 나는 지금 내가 하고 있는 A라는 행동 말고 다른 행동을 절대로 할 수 없다.

7) 내가 A 이외의 행동을 할 수 없었다면, A라는 행동은 내가 자유롭게 한 것이 될 수 없다.

8) 결정론이 참이라면, 나는 A라는 행동과 관련해 자유롭지 않다.

9) 따라서, 자신의 행동과 관련해 자유로운 사람은 아무도 없다.

데이비드 흄

1711년 출생
1776년 사망

"철학자가 되라. 그러나 그 모든 철학의 한복판에서 여전히 인간으로 있으라."

- 『인간 오성에 관한 연구』(1748년)

데이비드 흄은 경험주의와 회의주의로 유명한 스코틀랜드의 철학자이다.

대표작 : 인성론 (1739-40년)

영국

FUN FACT: 사실로부터는 그 어떠한 '당위적인' 진술도 끌어낼 수 없다는 주장을 한 것으로 유명하다.
자신의 걸작 『인성론』이 '인쇄기에서 사산한' 후 흄은 방대한 양의 『영국사』를 집필해 많은 인기를 얻었다.

5장
신

토마스 아퀴나스

1225년 출생
1274년 사망

"단지 비치는 것보다 비추는 것이 더 위대하듯이
단순히 사색하는 것보다 사색한 바를
남에게 전하는 것이 더 위대하다."

— 『신학대전』

이탈리아의 도미니코 수사이자 사제였던 토마스 아퀴나스는 스콜라주의 전통에서 중요한 위치를 차지하는 철학자이자 신학자이기도 했다.

대표작 :

FUN FACT 토마스 아퀴나스의 동료들은 그를 '벙어리 황소'라고 불렀다. 하지만 그의 스승 알베르투스 마그누스는 언젠가는 그의 고함을 세계 전역에서 듣게 될 것이라고 예언했다.

이마누엘 칸트

1724년 출생
1804년 사망

"점점 더 큰 경탄과 외경으로 마음을 채우는 두 가지 것이 있다. 그것은 내 위의 별이 빛나는 하늘과 내 안의 도덕법칙이다."
— 『실천이성비판』, 1788년

칸트는 형이상학, 윤리학, 미학에 관한 중요한 저서들을 남긴 독일의 철학자이다.

대표작:

FUN FACT — 칸트가 오후 산책을 하는 시간은 다른 사람들이 그가 산책하는 모습을 보고 시계를 맞출 정도로 늘 정확했다. 칸트는 자신이 흄을 읽고 나서 '독단의 잠'에서 깨어났다고 했다. 그 후 그는 흄의 철학을 자신의 이정표로 삼았다.

윌리엄 페일리

1743년 출생
1805년 사망

"배열, 부품들의 배치, 목적에 대한 종속성, 사용할 도구들과의 관계는 그것들이 지능과 정신에 우호적이라는 것을 함의한다."

— 『자연신학』

윌리엄 페일리는 잉글랜드의 성직자이자 그리스도교 옹호자이며 철학자이자 공리주의자이다. 그는 자연신학적 명제들을 이용해 신의 존재를 증명하는 목적론적인 논증을 시도한 것으로 유명하다.

대표작:

FUN FACT 페일리는 설계 논증을 이용해 신의 존재 증명을 시도해 명성을 얻었다. 그 유명한 '시계공 비유'는 그에게서 비롯되었다.

130

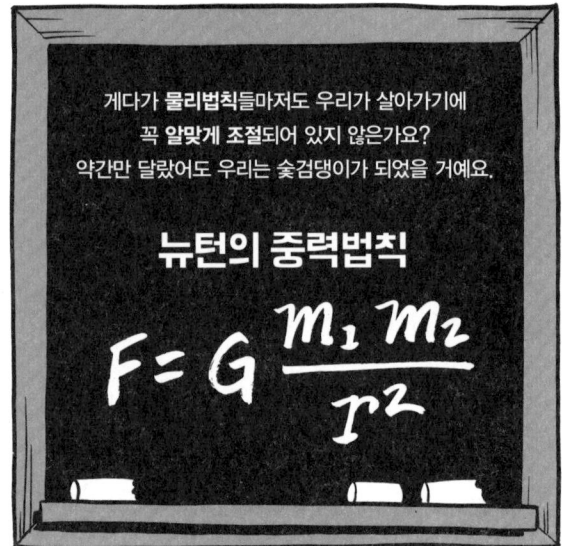

찰스 로버트 다윈

1809년 출생
1882년 사망

"무지는 앎보다 더 많은 자신감을 낳는다. 이런저런 문제를 과학이 결코 풀 수 없다고 강력하게 주장하는 사람들은 많이 아는 사람들이 아니라 조금밖에는 모르는 사람들이다."

— 『인간의 유래』(1871년)

다윈은 진화론으로 유명한 영국의 자연학자이자 지질학자이다. 그는 모든 종이 공통의 조상으로부터 유래했다고 주장했다.

대표작:

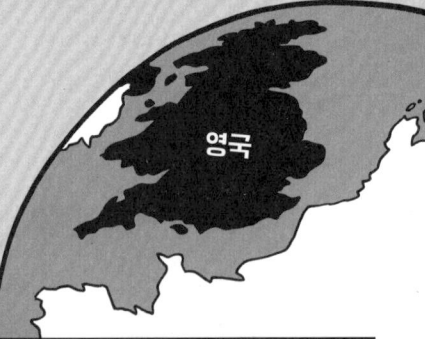

FUN FACT: '적자 생존'이라는 말을 처음 만든 사람은 철학자이자 사회적 다윈주의자인 허버트 스펜서였다. 『종의 기원』 초판에는 이 말이 나오지 않는다.

6장
윤리학

소크라테스

기원전 469년 출생
기원전 399년 사망

"성찰하지 않는 삶은 살 가치가 없다."

— 플라톤의 『변명』(기원전 360년?)

소크라테스는 그리스의 철학자이다. 서양 철학의 아버지로 알려져 있다.

대표작:

아무런 철학 저술도 남기지 않았다. 주로 제자인 플라톤과 크세노폰의 저술을 통해 그의 사상을 엿볼 수 있다.

FUN FACT: 소크라테스는 자신의 목숨이 걸린 재판이 진행 중인 의회 밖에서 멈춰 한 사제와 성스러움의 본질에 관해 토론했다. 사형 선고를 받은 그는 탈출 권유를 거부했다. 이유는 자신이 아테네의 법을 따르겠노라고 이미 암묵적으로 맹세를 했다는 것이었다.

토머스 홉스

1588년 출생
1679년 사망

"자연 상태의 삶은 고독하고, 가난하고, 추잡하고, 잔인하고, 그리고 짧다."
- 『리바이어선』

토머스 홉스는 영국의 철학자이다.
사회계약을 강조한 정치 철학으로 오늘날도 유명하다.

대표작 :

FUN FACT 홉스는 인간이 본질적으로 이기적이라고 주장했다. 그런데 그가 걸인에게 적선을 하는 모습을 본 한 친구가 자네도 결국은 보통 사람들하고 똑같은 감정을 가지고 있지 않냐고 따져 물었다.
그러자 홉스는 자신은 그저 양심의 가책을 느끼지 않으려 한 것뿐이고 동전 몇 닢으로 편히 잘 수 있다면 싼 것 아니냐고 대답했다고 한다.

제러미 **벤담**

1748년 출생
1832년 사망

"문제는 '그들이 추론을 할 수 있느냐?', '말을 할 수 있느냐?'가 아니라 '고통을 겪느냐?'이다."

- 『도덕과 입법의 원리』

제러미 벤담은 영국의 철학자이자 법학자이자 사회개혁가이다. 근대 공리주의의 아버지로 불린다.

대표작 :

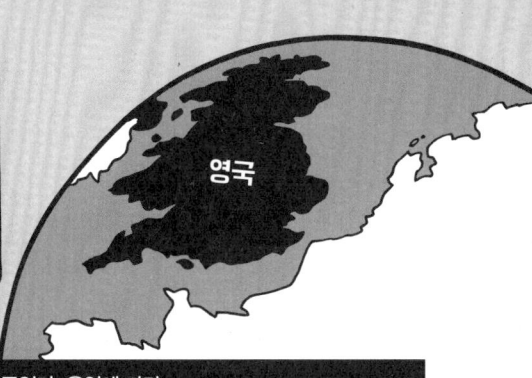

FUN FACT 벤담은 자신이 쓰는 지팡이들에 '대플'과 '도빈'이라는 이름을 붙여주었다. 유언에 따라, 사망 직후 그의 뼈로 골격을 삼고 짚으로 채운 후 옷을 입혀 만든 밀랍 인형이 런던 대학에 전시되어 있다. 박제된 이 인형은 휠체어에 태워져 대학 위원회 회의에도 참석해왔다.

프리드리히 빌헬름 니체

1844년 출생
1900년 사망

"우리가 그 심연을 오랫동안 들여다본다면, 심연 또한 우리를 들여다보게 될 것이다."
- 『선악의 저편』

프리드리히 빌헬름 니체는 진리, 도덕, 힘, 현대 문화, 과학 등 다방면에 걸친 저술로 유명한 독일의 철학자이다.

대표작:

FUN FACT: 니체는 스물네 살 때 스위스 바젤 대학의 고전 철학 교수로 임용되었다. 당시 유럽에서 가장 어린 나이에 교수에 오른 것이다.

용어설명

㈀

결과주의 | 윤리학에서 결과주의는 어떤 한 행위가 도덕적인가 그렇지 않은가를 판단할 때 그 행위의 동기나 의도 따위가 아니라 결과만을 가지고 판단해야 한다는 이론이다.

결정론 | 모든 사건의 원인이 우주의 이전 상태와 물리법칙이라는 이론이다.

경험주의 | 인간의 모든 지식은 감각 경험을 통해서만 얻어진다는 이론이다.

관념론 | 오직 마음과 그것이 만들어내는 관념만이 존재한다는 이론이다.

교조주의 | 반박 가능한 증거들이 아무리 많더라도 자신의 믿음을 바꾸지 않으려는 태도를 말한다.

귀납 논증 | 개별적인 특수한 사실이나 원리들을 전제로 삼아 일반적인 결론을 이끌어내는 방법이다. 우리는 이 논증 방식을 통해서 도출된 결론이 100퍼센트 참이라고 주장할 수 없다. 단지 높은 수준의 확률로 참일 수 있다고 말할 수 있을 뿐이다.

㈄

데카르트적 상호작용 | 비물리적 마음과 물리적 몸이 인과적으로 서로에 영향을 미칠 수 있다는 이론이다. 예를 들면 손톱을 밟히는 사건은 온갖 물리적 사건을 유발하지만 내가 몸을 통해 비명을 지르게 되는 것은 내가 마음속으로 느끼는 고통 때문이다.

㈅

뢰브너 상 | 튜링 테스트, 즉 질문에 대한 답을 컴퓨터가 얼마나 인간과 유사하게 내놓을 수 있는지를 평가해 수상자를 결정하는 상이다. 1990년에 제정되었다.

㈆

마음 | 생각의 주체를 나타내는 포괄적인 용어이다. 마음은 완선히 비물리적인 것으로 여겨진다.

ⓗ

발생적 설명 | 최초의 원인으로부터 시작되는 연쇄적인 인과관계를 통해 어떤 믿음을 정당화하는 방법이다.
병행론 | 몸과 마음은 동시에 작용하기는 하지만 서로에게 영향을 주지 않는 별개의 실체라는 이론이다.
비결정론 | 우주의 이전 상태와 물리법칙이 원인이 아닌 사건이 적어도 하나는 존재한다는 이론이다.

ⓢ

속성이원론 | 몸과 마음은 하나의 실체이지만 속성이 서로 다르다는 이론이다.
신명론 | 어떤 행위가 도덕적으로 옳은 이유는 신이 그렇게 명령했기 때문이라고 주장하는 이론이다.

ⓞ

양립가능론 | 내가 자유롭게 결정했다고 여기는 행위들의 원인이 사실은 내 욕망이며, 따라서 내게 자유의지가 있다는 것이 결정론이 참임을 필연적으로 부정하는 것은 아니라는 이론이다. 한편 양립가능론에 따르면 어떤 행위가 자유롭다는 것은 (1) 그것이 내 욕망의 결과이고, (2) 내가 다양한 욕망을 가지고 있고, 따라서 내가 다른 행위를 했을 수도 있어야 참이다.
연역 논증 | 전제들이 참이면 그 결과도 반드시 참이라는 추론 규칙을 토대로 새로운 원리를 결론으로 이끌어내는 방식이다.
의무론 | 윤리학에서 의무론은 어떤 행위를 그 개별적인 행위가 아니라 행위의 유형을 토대로 평가하는 이론이다. 예를 들면 결과론자들은 경우에 따라 거짓말이 허용될 수도 있다고 주장하지만, 의무론자들은 거짓말은 모두 잘못된 것이라고 주장한다.
이원론 | 몸과 마음이 서로 별개의 실체라는 이론이다. 예를 들면 데카르트는 마음은 비물리적 실체이고 몸은 물리적 실체라고 주장했다. 반면 스피노자는 정신적인 것과 물리적인 것은 하나의 실체가 갖는 두 가지 속성이라고 주장했다.

ㅈ

자유의지 | 자신의 행위를 스스로 결정할 수 있는 능력을 말한다. 도덕적 책임의 전제 조건으로 여겨진다.

절대론 | 윤리학에서 절대론은 어떤 행위든 그 행위는 목적과 상관없이 그 자체로 선하거나 악하다는 주장이다. 예를 들어 살인(혹은 더 큰 잘못)을 막기 위해 거짓말을 하는 것은 허용된다는 주장도 있지만, 절대론자들은 거짓말은 목적에 상관없이 그 자체로 나쁘다고 주장한다.

ㅌ

타당성 | 연역 논증의 속성 중 하나이다. 연역 논증은 전제들이 결론이 참임을 확증할 때 타당하다.

토대론 | 어떤 믿음의 정당성은 그 자체로 명백하거나 반드시 참인 주장을 통해서만 최종적으로 확정될 수 있다는 이론이다.

튜링 테스트 | 컴퓨터가 인간과 같은 방식으로 사고할 수 있는지를 알아보기 위해 앨런 튜링이 1850년에 제안한 테스트이다. 튜링은 인간이 컴퓨터와 인간을 상대로 많은 질문을 던져 어느 쪽이 인간인지를 알아내는 테스트를 할 때, 질문자가 70퍼센트 이상의 정확도로 인간과 컴퓨터를 구별해내지 못한다면, 그 컴퓨터는 사고를 할 수 있다고 간주한다고 했다.

세상이 내게서 가져간 것보다 더 많은 것을 준 체릴 스테인바흐 패튼에게
— 마이클 패튼

R.A.에게
— 케빈 캐넌

감사의 글

내가 벽에 부딪힐 때마다 도움을 준 데이비드 차머스에게 감사의 말을 전한다. 작업 기간 동안 무심히 내 곁을 지켜준 고양이들, 성심껏 지원해준 아내에게도, 그리고 격려와 조언을 아끼지 않은 토린 앨러를 포함한 내 친구와 동료들, 특히 스테판 포리스트에게도…. — 마이클 패튼

먼저 이 말도 안 되는 일에 기꺼이 도움을 준 잰더 캐넌(친인척 아님)에게 감사의 말을 전한다. 그의 열정이 없었다면 이 책은 나오지 못했을 것이다. 잰더와 제이미 슈마허, 케이트 캐넌은 이 책의 초고를 읽고 값진 조언을 해주었다. 마지막으로 아시나 커리어에게도 고마움을 전한다. 그녀의 재능과 세심함은 따를 만한 사람이 없다. — 케빈 캐넌

우리 둘 모두 이 작업의 선두에 서준 토머스 르비엔에게 무한한 감사를 전한다. 그리고 이 책이 이렇게 지금의 꼴을 갖추고 세상에 나오게 된 데에는 어맨다 문을 포함해 수많은 이들이 뒤에서 도와준 덕분이라는 말도 덧붙여야겠다. — 마이클과 케빈 모두

참고문헌

AQUINAS, ST. THOMAS. *SUMMA THEOLOGICA*. TRANSLATED BY THE FATHERS OF THE ENGLISH DOMINICAN PROVINCE. WESTMINSTER, MD: CHRISTIAN CLASSICS, 1981. (한국어판: 『신학대전』, 정의채 옮김, 성바오로)

BENTHAM, JEREMY. *THE PRINCIPLES OF MORALS AND LEGISLATION*. AMHERST, NY: PROMETHEUS BOOKS, 1988. (한국어판: 『도덕과 입법의 원리 서설』, 고정식 옮김, 나남)

BERKELEY, GEORGE. *A TREATISE CONCERNING THE PRINCIPLES OF HUMAN KNOWLEDGE*. EDITED BY KENNETH WINKLER. INDIANAPOLIS: HACKETT PUB. CO., 1982. (한국어판: 『인간지식의 원리론』, 문성화 옮김, 계명대학교출판부)

CHALMERS, DAVID. "MUCH ADO ABOUT CONSCIOUSNESS," INTERVIEW BY ANDREW CHRUCKY. *PHILOSOPHY NOW* 21 (SUMMER/AUTUMN 1998). HTTPS://PHILOSOPHYNOW.ORG/ISSUES/21/MUCH_ADO_ABOUT_CONSCIOUSNESS.

COHEN, S. MARC, PATRICIA CURD, AND C. D. C. REEVE, EDS. *READINGS IN ANCIENT GREEK PHILOSOPHY: FROM THALES TO ARISTOTLE*. INDIANAPOLIS: HACKETT PUB. CO., 1995.

DARWIN, CHARLES. *THE DESCENT OF MAN*. EDITED AND WITH AN INTRODUCTION BY JAMES MOORE AND ADRIAN J. DESMOND. LONDON: PENGUIN, 2004. (한국어판: 『인간의 유래』, 김관선 옮김, 한길사)

DESCARTES, RENÉ. *THE PHILOSOPHICAL WRITINGS OF DESCARTES*. TRANSLATED BY JOHN COTTINGHAM, ROBERT STOOTHOFF, AND DUGALD MURDOCH. CAMBRIDGE, UK: CAMBRIDGE UNIVERSITY PRESS, 1985.

DESCARTES, RENÉ, BENEDICT DE SPINOZA, AND GOTTFRIED WILHELM FREIHERR VON LEIBNIZ. *THE RATIONALISTS*. NEW YORK: ANCHOR BOOKS, 1974.

HOBBES, THOMAS. *LEVIATHAN*. EDITED BY CRAWFORD B. MACPHERSON. HARMONDSWORTH, UK: PENGUIN BOOKS, 1982. (한국어판: 『리바이어던』, 진석용 옮김, 나남)

HUME, DAVID. *AN ENQUIRY CONCERNING HUMAN UNDERSTANDING*. EDITED BY TOM L. BEAUCHAMP. OXFORD, UK: OXFORD UNIVERSITY PRESS, 1999. (한국어판: 『인간의 이해력에 관한 탐구』, 김혜숙 옮김, 지만지)

KANT, IMMANUEL. *CRITIQUE OF PRACTICAL REASON*. TRANSLATED BY LEWIS WHITE BECK. 3RD ED. NEW YORK: MACMILLAN PUB. CO., 1993. (한국어판: 『판단력비판』, 백종현 옮김, 아카넷)

LA METTRIE, JULIEN OFFRAY DE. *MAN A MACHINE*. 7TH ED. LA SALLE, IL: OPEN COURT, 1993.

LOCKE, JOHN. *AN ESSAY CONCERNING HUMAN UNDERSTANDING*. EDITED BY R. S. WOOLHOUSE. NEW YORK: PENGUIN, 1997. (한국어판: 『인간지성론』, 정병훈, 이재영, 양선숙 옮김, 한길사)

MILL, JOHN STUART. *UTILITARIANISM*. EDITED BY GEORGE SHER. 2ND ED. INDIANAPOLIS: HACKETT PUB. CO., 2001. (한국어판: 『공리주의』, 서병훈, 책세상)

NIETZSCHE, FRIEDRICH WILHELM. *BEYOND GOOD AND EVIL: PRELUDE TO A PHILOSOPHY OF THE FUTURE*. TRANSLATED BY WALTER KAUFMANN. NEW YORK: VINTAGE BOOKS, 1989. (한국어판: 『선악의 저편. 도덕의 계보』, 김정현 옮김, 책세상)

PALEY, WILLIAM. *NATURAL THEOLOGY, OR, EVIDENCES OF THE EXISTENCE AND ATTRIBUTES OF THE DEITY*. LANDISVILLE, PA: COACHWHIP PUBLICATIONS, 2005.

SCHEUTZ, MATTHIAS. *COMPUTATIONALISM: NEW DIRECTIONS*. CAMBRIDGE, MA: MIT PRESS, 2002.

SPINOZA, BENEDICTUS DE. *ETHICS*. EDITED AND TRANSLATED BY EDWIN CURLEY WITH AN INTRODUCTION BY STUART HAMPSHIRE. LONDON: PENGUIN BOOKS, 1996. (한국어판: 『에티카』, 황태연 옮김, 비홍)

어메이징 필로소피

1판 1쇄 펴냄 2016년 10월 21일
1판 10쇄 펴냄 2025년 4월 25일

지은이 마이클 패튼·케빈 캐넌
옮긴이 장석봉

편집 김현숙 | **디자인** 이현정
영업·제작 백국현 | **관리** 오유나

펴낸곳 궁리출판 | **펴낸이** 이갑수

등록 1999년 3월 29일 제300-2004-162호
주소 10881 경기도 파주시 회동길 325-12
전화 031-955-9818 | **팩스** 031-955-9848
홈페이지 www.kungree.com | **전자우편** kungree@kungree.com
페이스북 /kungreepress | **트위터** @kungreepress
인스타그램 /kungree_press

ⓒ 궁리, 2016.

ISBN 978-89-5820-414-5 07100

책값은 뒤표지에 있습니다.
파본은 구입하신 서점에서 바꾸어 드립니다.